DISCOURS

Prononcé le 29 Mars 1875

AUX FUNÉRAILLES

DE

EDGAR QUINET

PAR

M. GAMBETTA

Prix : 10 centimes

PARIS
ERNEST LEROUX, ÉDITEUR
28, RUE BONAPARTE, 28.

1875

DISCOURS

Prononcé le 29 Mars 1875

AUX FUNÉRAILLES

D'EDGAR QUINET

PAR

M. GAMBETTA

Messieurs et chers concitoyens,

En prenant la parole, je cède au désir exprimé par la vaillante femme qui a poussé le courage, en l'honneur et pour la mémoire de l'homme que nous sommes venus accompagner et pleurer ici, jusqu'à assister à cette noble et douloureuse cérémonie qui nous rassemble ; j'y cède avec le sentiment de la difficulté insurmontable de pouvoir, après les paroles que vous avez entendues, après ce que vous savez de l'homme qui va reposer sous cette terre, l'honorer, le saluer dignement, comme il le mérite, dans ses facultés si rares, dans ses œuvres si éminentes, dans la gloire qu'il laissera après lui, au nom du parti auquel il appartenait et dont il restera l'un des serviteurs les plus illustres et les plus éclairés.

Mais je sais au milieu de qui je me trouve, et je sais aussi, mes chers concitoyens, — votre présence ici, dans une journée semblable, en est une démonstration éclatante, — je sais le culte que vous gardez à vos grands morts, la piété avec laquelle vous les accompagnez et vous allez, chaque année, visiter leur tombe, en souvenir de leurs glorieux services.

Aussi, messieurs, me confiant en ces sentiments qui me sont connus, j'espère que vous voudrez bien être indulgents pour les quelques paroles que je vais vous adresser.

Quand on se trouve devant une tombe comme celle qui va se fermer, on n'y est pas pour faire de vaines oraisons funèbres ; et c'est surtout quand les pompes extérieures, quand les cérémonies ordinaires ont été légitimement et civiquement écartées, qu'il convient de regarder ces rendez-vous de la mort comme les occasions les plus propices pour l'enseignement des hommes. Or, mes chers concitoyens, il n'y a pas de vie, j'ose le dire, qui soit d'un plus haut enseignement, d'un plus sévère et d'un plus efficace exemple que la vie du grand et noble citoyen que nous escortons dans ce cimetière. (Murmures d'assentiment.)

Il peut, à juste titre, figurer dans cette trinité que la mort cruelle nous a enlevée depuis moins d'un an, entre Michelet et Ledru-Rollin. Oui, Quinet est aussi un des pères de la démocratie contemporaine, un de ceux qui ont le plus fait, par la parole, par l'action, par l'écrit, pour assurer à cette démocratie qui m'entoure l'instrument de sa souveraineté, pour établir en France le règne de la justice et du droit. (Marques de vive approbation.) Et si la mort continue à frapper à coups redoublés dans nos rangs, elle pourra bien nous enlever jusqu'aux derniers restes de ces incomparables lutteurs de la première heure, mais jamais elle ne pourra nous ravir ni leurs doctrines, ni leur exemple; ni ce quelque chose de supérieur encore,— car il n'y a rien que les résultats qui comptent dans la vie des peuples, — la trace toujours vivante, agissante et féconde qu'ils ont laissée dans les idées, dans les opinions, dans les institutions, dans les mœurs de notre pays. (Marques d'approbation.)

Oui, messieurs, Ledru-Rollin, — qu'il y a trois mois nous n'avons pas pu accompagner au cimetière, dont nous n'avons pas pu honorer la grande mémoire par suite de l'éloignement et de circonstances imprévues au moment de sa mort soudaine, — Ledru Rollin, je saisis cette occasion de le dire parce que nous nous trouvons réunis aujourd'hui dans un lieu funèbre et propice à la piété et à la religion vraie des hommes, Ledru-Rollin a été l'auteur du suffrage universel ; mais Quinet, huit ans avant, le réclamait dans cet admirable *Avertissement au pays*, en 1840, où il prenait si hardiment le parti de la réforme électorale, le parti de la démocratie, seule puissance qui lui apparût, dès lors, capable de refaire la France et de la mettre à la hauteur du rôle que sa Révolution lui a créé parmi les peuples modernes.

D'un autre côté, pendant que Michelet refait, dans ce Paris dont il est comme l'incarnation vivante, l'histoire du peuple français, avec ce génie prodigieux de résurrection qui fait de tous ses lecteurs les témoins, les contemporains des drames qu'il raconte, à côté de lui, Quinet poursuit, avec moins de passion peut-être, mais avec une étonnante sûreté de coup d'œil, le relèvement de la France; partout il lui cherche des alliés, des amis, des disciples. Mais, don plus surprenant encore, il voyait déjà d'où pouvait venir le péril, d'où il viendrait, et c'est ce qui faisait tout à l'heure dire à M. Laboulaye, ce collègue digne de M. Quinet dans l'enseignement supérieur du Collège de France, cet ancien compagnon des vieilles luttes, que Quinet avait eu le don de prophétie quand il avait tourné les yeux du côté de l'Allemagne. C'est ainsi qu'il lui arriva de pousser le cri d'alarme longtemps avant le danger. Ce savant, ce poëte apercevait l'invasion derrière les thèses nuageuses et pédantes des Universités germaniques. Son amour profond de la France éclairait pour ses yeux avides de lumière les obscurités mêmes de l'avenir.

Aussi, mes chers concitoyens, comment s'étonner que plus tard, sous les coups de la force, lorsque Edgar Quinet et ses illustres compagnons d'exil furent forcés de quitter le sol de la patrie, comment s'étonner que ces hommes, nos maîtres et nos guides, aient fait ce qu'on n'avait jamais fait, ce que Danton regardait comme impossible, qu'ils aient comme emporté la patrie à la semelle de leurs souliers ? (Bravos prolongés.) La patrie ne vivait que de leurs idées, de leurs enseignements, de leurs livres, de leurs œuvres dans tous les champs de la pensée.

Et il y parut bien, car, lorsque l'invasion eut été amenée jusqu'au cœur de Paris, de ce Paris qui est toujours le cœur de la France... (Bravos et cris : Vive la République !) on vit

Ledru-Rollin, Louis Blanc, Victor Hugo, Quinet, — j'arrête la liste pour ne citer que les astres de première grandeur dans ce firmament républicain — (Bravos répétés.), on les vit accourir à Paris, pour y rallier le drapeau de la France. N'est-ce pas là ce qui prouve bien que c'était pour frapper la patrie que, vingt ans auparavant, on les en chassait? Il a fallu qu'elle fût en sérieux danger, en péril de mort, pour les voir revenir de l'exil. (Marques de vive approbation.)

C'est à cette époque, messieurs, que, disciple ignoré de Quinet, nourri de ses doctrines historiques, passionnément épris de son génie de poëte amoureux de la France, je le vis pour la première fois. Lugubres et douloureuses circonstances où j'apprenais à connaître l'homme après le penseur, le citoyen après le philosophe, et cela quand la patrie allait périr! (Profonde émotion.)

C'est pour cette raison grave et douloureuse que je n'ai pas cru pouvoir me dérober à ce suprême devoir de venir, — permettez-moi le mot, il est sans ambition de ma part, — au nom de la génération nouvelle, saluer ce grand mort que nous pleurons. Oui, mes concitoyens, je l'honore et je le glorifie, en votre nom à tous, au nom de cette démocratie que vous formez, qui est non pas différente, non pas changée, mais de cette démocratie que nous composons tous et qui est, à celle qui l'a précédée, comme les fils sont aux pères, qui reconnaît et salue, avec respect, dans ses devanciers, ses ancêtres, ceux qui ont fondé l'héritage, commencé la fortune et formé le premier patrimoine des descendants, de ces ancêtres qui, plus épris quelquefois de la beauté idéale des principes et qui, habitués, — ce qui est l'honneur de leurs grandes intelligences, et ce qui a été la suprême volupté de leur exil, — à vivre face à face avec l'intégrité du beau et du vrai, ont payé de leurs travaux et de leurs douleurs le droit de planer au-dessus des détails mesquins et des nécessités vulgaires de la politique quotidienne. Messieurs, il est arrivé, surtout dans ces derniers temps, que l'on a parlé de certaines dissidences; je veux m'en expliquer devant cette tombe, qui va renfermer pour jamais les restes vénérés d'un ami sûr dont les sages conseils survivront à la mort. Ces dissidences, que nos adversaires grossissent pour les exploiter, que des écrivains toujours à l'affût de fausses nouvelles dénaturent sciemment, ces dissidences n'ont jamais pu altérer, n'altéreront jamais l'accord indestructible sur le fond des choses... (Non! — Non! — Bravos.)

Oui, mes concitoyens, nous sommes et nous resterons toujours d'accord pour nous rallier tous autour du même drapeau, d'accord pour poursuivre les mêmes conquêtes, d'accord pour atteindre le même but, c'est-à-dire l'avénement de la démocratie, son installation définitive, complète, pacifique, dans le cadre régulier des institutions politiques et sociales de la France; la victoire, enfin, d'une sage et laborieuse démocratie, tenace et patiente, qui se donne pour tâche d'obliger ceux qui, au mépris de leurs précédents et de leur histoire, se sont crus toute la France et ont pensé qu'ils pourraient la gouverner comme une oligarchie, de les obliger à maintenir, dans l'intérêt supérieur de la patrie française, l'union nécessaire entre toutes les fractions du peuple; de la grande et généreuse démocratie qui a inscrit sur son drapeau politique cette devise qui nous donnera la victoire : Alliance de la bourgeoisie et du prolétariat. (Bravos prolongés.)

Je le répète, nous sommes dans la tradition de nos devanciers. Leurs principes sont les nôtres : seules, les méthodes ont changé pour les protéger et les défendre.

C'est cette politique, messieurs, que, dans une admirable page, écrite, avec sa prescience de prophète, de ce style inimitable dont il puisait le secret dans l'amour le plus ardent pour les déshérités comme dans l'esprit de justice le plus intègre, — c'est cette politique qui inspirait Quinet, quand il adressait au régime issu de 1830 ce reproche de n'être ni la monarchie, puisqu'il était né sur les barricades, ni une aristocratie, puisqu'il ne représentait qu'une classe arrivée de la veille au pouvoir, et qui lui faisait dire au régime issu de la révolution de Juillet : Soyez avec la nation, avec le peuple, avec ceux qui veulent une part dans le gouvernement, dans les institutions politiques et sociales, dans tous les fruits d'une civilisation bien équilibrée, bien assise ; soyez avec la France, avec toute la France; sinon vous disparaîtrez comme des hommes d'expédients, et votre règne ne sera qu'une aventure qui disparaîtra dans une tempête.

C'est ce qui est arrivé. (Bravos.)

Ces vues si nettes, si larges, si démocratiques, font comprendre, messieurs, comment, en 1848, lorsque Quinet fut envoyé à l'Assemblée constituante et, ensuite, à l'Assemblée législative, il y défendit, sans jamais se décourager, la République et la politique républicaine. Toujours on retrouvait en lui le même don de clairvoyance quand il s'agissait des intérêts supérieurs de la France issue de la Révolution.

A quoi pense-t-il, ce professeur illustre, ce

maître écouté de tant de générations d'étudiants, alors que l'attention de tout le monde est un peu divertie des questions de polémique et des passions des partis? Il pense à l'enseignement du peuple. Digne continuateur des hommes de la Convention, il dit que la première tâche de ceux qui gouvernent les peuples consiste à les instruire. Quinet monte à la tribune et supplie ses collègues de la majorité de l'entendre. On ne l'écoute pas. Alors il reprend sa plume, il écrit une brochure. Car son arme vraie, c'était le livre; c'était là son instrument de propagande et de conquête.

Dans ce livre, il pousse le vrai cri, celui qui restera le cri de ralliement de la démocratie. Il dit : Pour sauver ce pays des dangers intérieurs et extérieurs qui le menacent, instruisez le peuple conformément à son génie ; donnez-lui l'instruction laïque. (Bravos prolongés.)

C'est Quinet, mes chers concitoyens, qui, le premier, a prononcé ce mot ; c'est lui qui a créé cette formule, et, à coup sûr, nous manquerions à un devoir de stricte reconnaissance en ne regardant pas cette tombe comme le monument le plus sacré et le plus digne des respects de cette grande population de Paris, toujours si éprise de science et de liberté, si avide d'instruction et de lumières. (Marques d'approbation.) N'est-ce pas là, en effet, ce qui vous tient le plus au cœur, vous tous qui m'écoutez? C'est aussi, croyez-le bien, ce qui tient le plus au cœur du reste de la France; mais c'est aussi ce qu'on n'arrachera qu'avec les plus grandes difficultés : je veux parler de cet enseignement civil, laïque, démocratique, humain, ne relevant que de la raison. (Bravos.)

Voilà comment m'apparaît Quinet, Messieurs, et certes il n'en faut pas davantage pour légitimer les sentiments d'amour, de reconnaissance, d'estime profonde, qu'il avait suscités dans le cœur des générations nouvelles. Cela suffit à expliquer pourquoi, malgré son amour supérieur des spéculations pures, les conseils de Quinet étaient toujours suivis et sollicités, qu'on me permette la comparaison, avec le même soin que des artisans très habiles, que des mécaniciens de premier ordre, que des praticiens expérimentés mettent à se renseigner auprès d'un calculateur pour connaître la formule qu'il faut faire passer dans la pratique de tous les jours. Quinet était parmi nous comme un grand dépositaire des théories, comme un grand interprète des principes de la Révolution française. Sans fanatisme, sans passion, ce qu'il avait surtout voulu appliquer, c'était moins telle administration ou telle politique que de nouvelles lois morales. La Révolution française était surtout à ses yeux une grande révolution morale. C'est par là que Quinet laissera un enseignement toujours fécond, toujours utile, car nous aurons encore, dans notre lutte pour le progrès et la justice, bien des traverses et bien des tâtonnements.

En effet, mes chers concitoyens, ce n'est pas pour jouir à la façon des despotes que la démocratie est devenue souveraine dans ce pays. En devenant maîtresse, elle se trouve en face de grands devoirs. Ayant le pouvoir, elle a les difficultés. Il faut gouverner quand on est la majorité; il faut être digne de garder le pouvoir, quand on l'a pris. C'est pourquoi il faut s'astreindre au travail, à la discipline, à la patience, à l'esprit de combinaison, d'arrangement; il faut savoir allier la prudence à la force. C'est là la tâche qui s'impose à tous ceux qui veulent gouverner les hommes, les hommes étant faits de passions et d'intérêts, et les gouvernements étant, dans les principes de la Révolution française, les premiers serviteurs du peuple.

Mes chers concitoyens, Edgar Quinet représentait parmi nous cette haute raison, faite de doctrine et d'expérience. Il savait les lois de la politique et enseignait comment on doit les appliquer dans notre temps. Aussi bien lui, Quinet, la victime des œuvres de la force, lui, l'otage du 2 Décembre, il ne se réclamait que de la raison, que de la discussion, ce qui est la marque supérieure d'un esprit bien trempé.

Tels sont les enseignements qu'il nous laisse, et nous ne saurions trop nous en souvenir dans la situation où nous sommes, après une conquête difficile, après avoir arraché aux ennemis les plus cruels et les plus détestés de l'esprit démocratique l'instrument à l'aide duquel nous pourrons progresser plus avant, à l'aide duquel, avec de la concorde, de l'union, de la sagesse, nous devons procéder à l'affranchissement de tous, procurer enfin à notre pays, qui l'attend depuis si longtemps, ce régime de paix et de liberté, de justice et de progrès, que la Révolution française a voulu fonder dans notre nation pour l'exemple du reste du monde.

Sachons donc répudier les conseils de la force, les conseils de l'exaltation, en même temps que nous saurons éviter les périls du découragement et de la lassitude. Nous sommes dans la bonne voie, dans le droit chemin. Allons donc en avant, et sachons répéter avec Quinet, du même cœur, avec la même foi, ce cri dont on pourrait faire sa devise : « *Par la République, pour la patrie!* » (Bravos prolongés. — Cris : Vive la République ! vive Gambetta !)

Paris.— Imp. F. DEBONS et Cie, 16, rue du Croissant.

www.ingramcontent.com/pod-product-compliance
Lightning Source LLC
LaVergne TN
LVHW020453230826
846091LV00008BA/3177

* 9 7 8 2 0 1 1 9 4 1 3 9 8 *